서정시학 선시집

흰 눈 속의 붉은 동백

일행일수 一行一修 · 日行日修

태관 스님

서정시학

태관스님
전북 부안 출생
1974년 입산
거조사 주지

서정시학 선시집
흰 눈 속의 붉은 동백
───────────────────────────

2020년 05월 25일 초판 1쇄 발행

지 은 이 · 태관스님
펴 낸 이 · 최단아
펴 낸 곳 · 도서출판 서정시학
인 쇄 소 · 상지사
주　　소 · 서울시 서초구 서초중앙로 18, 504호
　　　　　 (서초동, 쌍용플래티넘)
전　　화 · 02-928-7016
팩　　스 · 02-922-7017
이 메 일 · lyricpoetics@gmail.com
출판등록 · 209-91-66271

ISBN 979-11-88903-50-4　03810

계좌번호: 국민 070101-04-072847　최단아(서정시학)
값　12,000원

* 이 책의 판권은 지은이와 도서출판 서정시학에 있습니다. 양측의 서면 동의 없이 무단 전재 및 복제를 금합니다.
* 잘못된 책은 바꾸어 드립니다.

───────────────────────────
　이 도서의 국립중앙도서관 출판예정도서목록(CIP)은 서지정보유통지원시스템 홈페이지(http://seoji.nl.go.kr)와 국가자료공동목록시스템(http://www.nl.go.kr/kolisnet)에서 이용하실 수 있습니다.(CIP제어번호: CIP2020019899)

등짐 지고 눈썹 위를 걷는 사내

― 「서시」

서문

시심詩心 즉 불심佛心

　나에게 시를 쓰는 일은 부처로 가는 길입니다.
　매일 밥 먹듯이 한 줄의 시를 씁니다.
　이 습관은 내 수행의 일과이기도 합니다.
　거창한 언어의 장벽 앞에 이리저리 사다리 놓을 궁리 따윈 하지 않습니다.
　문학은 나에게 생존수단이 아니기 때문입니다.
　일상적인 삶속에서의 통찰,
　그 통찰 속에서 얻어지는 한 줄의 시정詩情
　통찰의 언어는 짧을수록 좋지요
　중언부언은 군더더기, 처음부터 뜻은 하나였지요.
　그 하나에 변주가 있을 뿐
　그러므로 특정한 형식에서 벗어나면 일상에서 하는 짓이 수행이요 쓰는 것이 시詩입니다.

여러 삶의 모습 속에서 얻어지는 통찰의 미학을 한 줄로 나타낸 것이 일행일수의 묘미라고 할 수 있습니다.
 한 줄의 시작詩作은 곧 시의 출발이며 종착입니다.
 누구나 쉽게 사유할 수 있고 쓸 수 있는 시
 이것이 내가 생각하는 수행과 문학의 합일정신입니다.

차 례

서시 / 11

제1부 흰 눈 속의 붉은 동백

각시 붓꽃 | 15
흰 눈 속의 붉은 동백 | 16
흰 눈 내린 기와지붕 손님 맞는 가래떡 | 17
겨울 낮잠 | 18
하무사何無事 | 19
홀로 등불처럼 | 20
불편한 마음먹지 말게 | 21
정월 초하루 실향의 아낙이 운다. | 22
우수수雨水水 | 23
바다가 마르면 바닥을 드러내지만 | 24
추워야 피는 꽃이 있다 | 25
매운 연기 깨우고 가는 바람 같이 | 26
X레이 | 27
돌고 돌아서 | 28
한 소식 | 29
허튼소리 | 30
면벽 | 31
기도 | 32
노을 | 33
원융 | 34

제2부 가을 물처럼 흘러서

적요 | 37
가을앓이 | 38
요즘 나 이렇게 사요 | 39
꽃사과 | 40
비질 | 41
대기 설밥 | 42
중의 정신, 이만만 해도 | 43
손톱에 달이 기울고 | 44
마른 기왓장에 맹물 경전이 스며들어 | 45
죽순껍질 벗기다 | 46
저 산은 홑겹으로 눕고 | 47
같고 같다 | 48
바람도 없는데 | 49
헐 | 50
사고팔고 할 것 없는 초라한 가을걷이 무념으로 앉아서 | 51
생의 난간에 가슴을 문지르며 닳고 닳아온 길 | 52
툇마루에 낯선 햇빛 내린 날 마른 멸치 똥을 바른다. | 53
목탁 새가 운다 고랫재 태우는 깊은 군불로 | 54
물이 들어올 때까지만 | 55
해는 서산마루 급히 넘어가는데 | 56
이율二律 | 57
오답도 정답도 없이 | 58

제3부 먹장구름 속에서도 한 줄기 햇살 같은

자화상 | 61
북어처럼 마른 어머니 내 손 잡으시고 | 62
라면을 먹다 | 63
그게 나였네 | 64
핸드폰 | 65
파뿌리가 | 66
북창엔 지루한 늦장마 조갯입술 벌어지는 서쪽 하늘 | 67
촛불 | 68
막돼먹은 숭례씨 | 69
꿈 깨고 돌아오니 고향집도 무너져 | 70
흔들래야 흔들 꼬리 없는 | 71
내 인생은 비포장 | 72
우리는 놓여 있다 | 73
울어라 울음 속에 길이 있다 | 74
벗이여 너의 세 치 혓바닥보다는 | 75
저 녹을 줄 모르고 | 76
불면 | 77
귀향 | 78
저 나무속으로 들어가 | 79
깨지더라도 | 80
추운가 보다 | 81
등신아 돌확에 붉은 고추 갈아 버리듯 | 82
풀을 뽑다가 그게 아니네 | 83
괴로움이 절정에 이르고서야 | 84
칠년의 고통을 한나절 광음으로 토하고 | 85
목마른 땅에 | 86

제4부 봄날은 간다

소쩍새 울어 동백꽃 떨어질 때 | 89
똥항아리 주그리고 쳐다본 밤하늘엔 | 90
만행 도중 | 91
새우젓 한보시기 짊어지고 절로 간 사내아이 | 92
나의 증명사진에는 | 93
어머니 젖가슴은 반달 놋주걱 | 94
어이 홍시는 가지 끝에 달려 배고픈 길 붙잡나 | 95
제 목에 칼을 놓아 피 토하는 모란이여 | 96
손바닥 햇살 | 97
문장 하나 남김없이 왔다가는 봄날이여 | 98
밤 깊은 봄날 풀내음을 몰고서 | 99
버들가지 | 100
새들도 날개를 접고 | 101
진달래 | 102
이춘풍以春風 | 103
볕든 창에 턱을 괴고 | 104
저기 좀 봐 | 105
해설 새로운 봄의 탄생 / 윤재웅 | 106

서시

등짐 지고 눈썹 위를 걷는 사내

*수행자는 매순간 깨어 있어야 한다.
항상 자신을 살피고 모든 유혹으로부터 성문을 굳게 지켜야 한다.
삐끗하면 천 길 낭떠러지가 바로 코앞이다.

제1부

흰 눈 속의 붉은 동백

각시 붓꽃

일획의 필 살

*산비탈에서 옮겨 심은 붓꽃
몇 년이 지나도 소식 없던 꽃 한 송이 피웠다.
그 모습이 예사롭지 않다.
내 가슴을 찔러오는 칼의 꽃

흰 눈 속의 붉은 동백

거기 그냥 옷 걸어 두고 꿀벌로나 날아갈까

*아침 해 뜰 녘 동백꽃을 보았는가?
눈밭에서 가슴으로 뛰어와
꽃망울 터트린다.
내가 동백이고 동백이 나다.
내가 된 동백이 또 한 마리 벌이 된다.

흰 눈 내린 기와지붕 손님 맞는 가래떡

까치는 어데인고 찻물 끓여 애달프네

* 흰 눈이 내렸다.
찻물은 끓어 넘치는데
온다는 손님은 아직 기별이 없다

겨울 낮잠

참새 겨드랑이 햇볕 속에 잠들다

* 겨울 해는 짧다.
짧은 만큼 순간순간이 요긴하다.
빨래도 빨고 밥도 먹고 잠깐 대청마루 끝에서 졸기도 하고 ······.

하무사 何無事

때때로 일은 일 없음에서 비롯하였나니

*모든 것들은 우연을 가장하지만 원인이 있는 법.
알게 모르게 지은 숙업은 누구에게나 있다.

홀로 등불처럼

문 닫으면 더욱 깊어지는 오징어 먹물 같은 밤

*한 밤에 길을 잃은 자여,
스스로 등불 되어 길을 밝혀라.

불편한 마음먹지 말게

먹은 마음 없으면 편해지리니

*모든 건 마음먹기에 달려 있지 않은가.
그 마음 하나 챙기기 쉽지 않지만
어쩔 것이냐,
마음밖에 다른 도리가 없는 것을

정월 초하루 실향의 아낙이 운다.

붉은 노을 비켜 좌우로 날개 접는 먼 산 기러기

*설날이다.
가고 싶어도 고향땅을 밟지 못하는 이들이 있다.
사하촌의 김 노인이 두 손을 모으고
둥근 해를 바라보고 서 있다.

우수수雨水水

찬 돌 시린 이빨 울리고 가는 맑은 물 잠든 내 이마를 두드려

* 맑은 물에 손을 씻고 이마를 훔친다.
혼곤한 잠에서 깨어난 개구리처럼
자유롭게 헤엄쳐야 하리.

바다가 마르면 바닥을 드러내지만

저 사람 죽어도 그 마음 알 수가 없네

*못 믿을 게 사람인 줄 알지만
그래도 의지할 건 사람밖에 없다.
없다는 것이 아찔하다.

추워야 피는 꽃이 있다

한 줌 햇살에 몸 낮추고 사라지는 상고대

*서슬 퍼런 수행자의 삶이 그렇다.
 자비로움에는 한껏 몸을 낮추는…….

매운 연기 깨우고 가는 바람 같이

하늘 천 개 눈을 뜨고 지상 천 개의 귀를 열어 불을 지펴라, 솔방울이여!

*동구 밖 낙락장송은 관세음의 몸
솔방울은 천 개의 눈으로 뜨고
솔가지는 천 개의 팔을 저어
이 풍진 세상을 씻어주네.

X레이

성골도 진골도 아니다 선사시대 유물 같은 해골 몇 개
추슬러간다

*이루어진 것은 언젠가 파괴된다는 엄연한 진리에 숙연해질 뿐

돌고 돌아서

저 바다도 풀잎 한 이슬 속에 살다간 후예

*이슬은 이슬이 아니고
바다는 바다가 아니다.
바다는 이슬 속에 깃들고
이슬은 바다를 머금었다.

한 소식

바람도 없는데 저절로 풀잎이 움직일 때

*도란 화려한 형식으로 치장하지 않고
요란한 소리도 내지 않는다.
대나무 그림자가
말없이 섬돌을 쓸 듯이

허튼소리

눈금 없는 저울대에 제멋대로 도의 무게를 달고 있네.

*도행은 깨우침이 아니라 실천하는 것.
역사의 고통에 참여하여 소멸시키는 것.

면벽

허공에 못을 박다

*깨달음은 모든 사유와 형식을 뛰어 넘는다.
머무는 곳마다 주인이 된다.
지금 네가 서 있는 곳이 곧 진리의 자리다.

기도

거미줄 치고 황소 오기를 기다리네

* 기도는 대가를 원하지 않는다.
정성을 다 할 뿐.
그 다음에 마주하는 것은
자기 자신의 진실한 얼굴뿐이다.

노을

어혈이 고여 번지는 창백한 문풍지

*노을 앞에서는
숨김도 남김도 없이
내 모든 걸 보여주고 싶다.
마지막 타서 한 줌의 재가 될 때까지

원융

모두 사라지는 것은 사라지지 않는 것과 같다

*참으로 텅 빈 공간속에
오묘한 이치가 자리하고 있느니,
이 뭣고?

제2부

가을 물처럼 흘러서

적요

개미도 까치발을 들고 걸어가는

*산사의 아침은 고요하다.
가벼운 낙엽들도 이슬에 젖어 흔들리지 않는다.
오르내리는 나의 숨길 따라 걸어 들어오는 적요

가을앓이

가을은 타서 재 이불 되고 새우등 구부리며 돌아눕는 밤

*항상 가을이면 길을 나선다.
알 수 없는 슬픔은 한 보따리
가야 할 곳 어딘 줄 모르며
물처럼 흘러간다.
그것이 인생이다.

요즘 나 이렇게 사요

물속에서 물 찾는 고기 맹키로

* 저 세상이 싫어 여기로 왔지만
이곳에서도 본분사를 지키며 살기 어렵다.
과거에 붙잡히면 어디에서나 새로울 게 없다.

꽃사과

된서리에 세상 밖으로 떨어지는 빨간 토끼 눈

*사람이나 사물이나 물건이 되려면
적당한 외부의 간섭이 필요하다.
대장간의 호미나 낫자루처럼

비질

마당이 웃었다 커다란 눈썹을 모두 내리고

*티끌이 없어도 아침이면 마당을 쓴다.
웃는 모습으로 함께 깨끗해지는
마음 비질의 흔적이 남는다.

대기 설밥

상근기는 눈으로 중근기는 코로 하근기는 입으로 먹네

*지혜로운 자는 모든 것을 욕심으로 대하지 않는다.
절제 속에서 아름다움 찾고
절제 속에 공간을 만든다,
비로소 자기와 다른 것을 받아들일 수 있는

중의 정신, 이만만 해도

약간만 자비롭고 약간만 정의롭고 약간은 호기로워야

*자비로움엔 적이 없다.
무슨 할 말이 더 있겠는가?

손톱에 달이 기울고

내 몸에서 단명을 비켜간 것은 손톱뿐인데

*나이 들어 귀찮은 것은 콧속에 털과 손톱 발톱
내 명줄은 짧다는데 요놈들 잘도 자란다.

마른 기왓장에 맹물 경전이 스며들어

가난한 마음이 홀로서서 걸어간다

*내 소박한 발원이 기왓장에 스며들어 천년이 흘러가면
용이 될까? 까마귀가 될까?

죽순껍질 벗기다

제 몸에 소스라쳐 놀라자빠지는 이상한 여자

*누가 뭐라 했나 냄비가 저 홀로 끓는다.
그렇게 끓다가 넘치고 남의 탓을 한다.
나는 그냥 거기 있었을 뿐이라는데

저 산은 홑겹으로 눕고

나는 겹겹으로 누워도 잠 못 이루네

*겹겹이 무거워진
알음알이 지식의 외투를 걸치고 사는 이들이여
당신의 오늘 밤은 편안한가.

같고 같다

땅과 가슴을 맞대고 적막을 듣는 아침

*때때로 땅과 가슴을 맞대고
적막에 귀 기울이면
당신의 내면으로부터
솟구치는 울림이 있을 것이다.

바람도 없는데

나 홀로 파도는 일으켜 무얼 하나

*모든 변화는 희생을 필요로 한다.
그렇다고 선뜻 목을 내놓을 수 있는 처지가 아니니 답답하다.

헐

문마다 길 있으되 오가는 길손 없어 적막하기만

*어디든 길은 있다.
당신이 최초의 나그네가 아닐 뿐

사고팔고 할 것 없는 초라한 가을걷이
무념으로 앉아서

　무작정 오라고 허공을 까불대는 굵은 힘줄 바위손

*작은 소쿠리에 담겨진 과일 몇 개,
시든 나물 한 줌
팔리기나 하는 것인지
손님만 보면 오라고 손짓하는 할머니

생의 난간에 가슴을 문지르며 닳고
닳아온 길

자벌레 한 걸음 앞두고 꽃잎이 지다

*자벌레 한 마리가 조심스레 풀잎을 기어오른다.
나의 삶도 외길이었다.
다시는 뒤돌아 올 수 없는 길
나도 가노라 간다.

툇마루에 날선 햇빛 내린 날 마른 멸치 똥을 바른다.

어디서 들고양이 귀신같이 다가와 내 속을 빤히 들여다본다.

*고양이는 알았다.
자신이 이길 수 있다는 것을
내가 졌다.
멸치 한 마리 던져주어야 하지 않겠는가!

목탁 새가 운다 고랫재 태우는 깊은 군불로

서쪽으로 꿈인 듯 생시인 듯 날아가면서

*저녁 예불 모시고 군불을 지핀다.
구도의 정념으로 나를 묶고 있던
모든 매듭을 풀어 헤친다.
꿈속으로 스르르
한꺼번에 녹아든다.

물이 들어올 때까지만

소라 속에 고인 바람같이 살다 가자

*현명한 자는 익지 않은 열매는 따지 않는 법
스스로 익어 떨어질 때를 기다린다.

해는 서산마루 급히 넘어가는데

천추만고 늙은 소는 여물만 우물거려

*어영부영 살다보니 초로의 문턱
할 일은 많고 몸과 마음은 예전 같지 않다

이율二律

    상여는 가다말고 노잣돈 재촉하고 목 잘린 국화 속에서 죽은 자가 웃고 있네

*삶이란 뒤집어 보면
옳고 그름이 한 뿌리다.
인생에서 설명할 수 없는 스토리가
누구나 한 토막씩 있다.

오답도 정답도 없이

언 강에 백로는 하루 종일 물음표로 서 있네

*언 강에 시린 발 담구고
무언가 골몰하는 백로여…….
당신이 혹 백로는 아닌가?

제3부

먹장구름 속에서도 한 줄기 햇살 같은

자화상

빈 수레 끌며 끌며 땀 흘리는 당나귀

*노력은 했으나 결과는 참담하다.
걸어온 세월이 허망하다.
내가 잘못 들어선 길은 아닌지
저 나무그늘 밑에 앉아서 생각을 해야겠다.

북어처럼 마른 어머니 내 손 잡으시고

오메! 너의 웃음이 단풍이로구나!

*어머니는 늙으셨다.
제 힘으론 거동도 하기 힘든 어머니.
쓸쓸히 양로원에 계신다.
가끔 먼 데서 찾아오는 자식들에게서
시간을 읽고 계절을 본다.

라면을 먹다

당신은 왜 꼬부라졌소?

*세상이 뒤틀리고 엉망이라고 생각하지만
정작 자신의 식견이 꼬부라져 있음을 모른다.
그것이 사람이다.

그게 나였네

자다가 봉창 두드리는 소리에 깨어난

*하루 종일 멍하게 산다.
내가 무얼 하고 사는지 자신을 챙기지 않는다.
요즘 사람들 웬만한 자극에는 반응이 없다.
허투로 살지 말고 떨치고 일어나라.
그리고 역사에 동참하라.

핸드폰

도깨비 수첩에서 명함을 꺼내 보다

*식당 안에서 열차 안에서 카페에서
친구와 서로 마주하고 있으면서도
얼굴은 보지 않고 대화도 없다.
오로지 핸드폰만 바라본다.
세상 모든 요지경이 그 속에 있다.
나도 도깨비놀음 속으로 빨려든다.

파뿌리가

파뿌리를 다듬고 있네

*늙은 어미는 쉼이 없다.
한 줌 뙤약볕도 아깝다.
윤기는 없고 헝클어진 머릿결만
파뿌리처럼 하얗다.

북창엔 지루한 늦장마 조갯입술
벌어지는 서쪽 하늘

피리 부는 문둥이 언제 오려나 처마 끝에 매달린 두꺼비

*여름 그맘때면 문둥이는 찾아왔다.
아버지는 문둥병에 특효약이라며
두꺼비 한 마리를 잡아 처마 끝에 매달았다.
내년에 찾아올 문둥이를 위하여

촛불

우렁우렁 우레가 울자 풀잎마다 봄빛을 띠었다

*촛불 밝힌 장명등에 봄비가 내린다.
희미한 불빛 아래 파란 풀잎들이 함초로이 비를 맞는다.
내 마음도 땅속 깊이 뿌리를 내린다.

막돼먹은 숭례씨

숭례는 나의 어머니 이미 돌아가셨는데 어라 또 생겼네

*숭례문이 불탔다.
먼 훗날 다시 오니 그 자리에 또 숭례문
옛 자취 간 곳 없고 그냥 집 하나 덩그러니

꿈 깨고 돌아오니 고향집도 무너져

반백년 버드나무 은빛 머릿결 길가다 만난 친구 모습

*고향 길에 우연히 만난 옛 친구
머리는 희었으나 옛 모습 얼비치고
살던 옛집을 물어보니 무너졌다 말하네.

흔들래야 흔들 꼬리 없는

나는 개다

*거대한 권력 앞에 나는 개였지만
흔들 꼬리가 없어서 개 취급을 받지 못했다.
그래서 그냥 개다.

내 인생은 비포장

그래도 간다

*처음부터 그렇거니와 나중에도 그럴 것이다.
포장을 위해 타협하지 않고
비포장 길이라도 끝까지 갈 것이다.

우리는 놓여 있다

안전은 불안 속에 기쁨은 슬픔 속에 구직은 실직 속에
삶은 죽음 속에

*안전은 불안을 생각하며
기쁨은 슬픔을 생각하며
구직은 실직을 생각하며
삶은 죽음을 생각하며
최선을 다해야 한다.

울어라 울음 속에 길이 있다

몰려오는 먹장구름 속에서도 한줄기 햇살 같은

* 살다보면 앞 뒤 모든 것이 은산철벽처럼 막힐 때가 있다.
그럴 땐 자신과 만나는 조용한 시간이 필요하다.
명상을 하든 108배를 하든 통곡을 하든
새롭게 정리되는 생각이 있을 것이다.

벗이여 너의 세 치 혓바닥보다는

이 몸 전체 칼날 되어 내 목을 자르리

*천경만론千經萬論을 읽고 들어도 그 속엔 내가 없네.
단두대에 목을 올려놓고서야 내가 보이네.

저 녹을 줄 모르고

눈사람 군불 때는 허튼 수작으로 나를 가르치지 말게

*너는 무엇을 알았기에 행복한 미소냐.
알았다면 죽은 자처럼 고요히 있으라.

불면

오그라진 낙엽 밤이슬에 몸 펴는 소릴 듣네

*불을 끄면 칠흑 같은 밤.
생각의 늪 속으로 빨려든다.
고요함마저도 번거롭다.
공기 속으로 흩어지고 싶다.

귀향

섬돌에 주저앉은 하얀 귀밑머리

*사십 년 만에 우연히 들른 고향 산천.
옛집은 간곳없고 섬돌만 남아서
삼백년 버드나무 그늘이 비질을 하네.

저 나무속으로 들어가

초록뱀 붉은 혓바닥 같은 새싹으로 돋아나리

*마지막 몸부림일까,
고목에 새순이 돋았다.
새로운 희망이 솟는다.
언젠가 시들지라도
다시 시작해보자.

깨지더라도

한 번은 울리고 가는 종같이 살자

*이렇게 그냥 주저앉을 것인가.
사람 몸으로 태어나기가 어찌 그리 쉬운 일인가.
내가 이 세상 주인공이라는 마음으로 당당히 살자.

추운가 보다

바람이 문 두드린다

*마음이 시리면 문을 굳게 닫아도 찬바람은 스민다.
끊임없는 성찰은 근면을 부른다.
뭔가 해보려는 노력으로 허허로움을 채우자.

등신아 돌확에 붉은 고추 갈아 버리듯

박박 갈려서 까마귀밥이나 되자

*얹은 게 없으니 사십 년 절집살이 헛살았다.
까마귀밥으로나 이 오욕을 벗을까

풀을 뽑다가 그게 아니네

내겐 잡풀 풀에겐 내가 잡놈

*정작 뽑아야 할 건 내 속의 번뇌

괴로움이 절정에 이르고서야

그 꽃 아름다운 줄 안다

*그냥은 모른다.
쓴 맛을 봐야 단 맛을 알고
떠나야 아쉬움이 남는다.
진정으로 사랑했다면
괴로움은 남지 않는 법

칠년의 고통을 한나절 광음으로 토하고

매미여 마침내 텅 빈 껍데기로 사자좌에 오르는가

*한 생이 짧다면 짧고 길다면 길다.
무엇을 치적하고 살았는지 되돌아보자
홀연히 이 한 몸을 버릴 때 아쉬움이 없겠는가.

목마른 땅에

건풍이 달려와서 요란스레 피우고 가는 물꽃 한나절

*먼지가 풀풀 날리는 마당에 소나비가 요란스레 내린다.
빗방울과 먼지가 사방으로 파문을 일으키며 튄다.
순간순간 피어나는 나팔꽃 같다.

제4부

봄날은 간다

소쩍새 울어 동백꽃 떨어질 때

산문에 기대어 우는 사미승

*어린 출가는 외롭고 슬펐다.
가끔 산문에 기대어
어머니 생각, 고향 생각에
나도 몰래 눈물 흘렸다.

똥항아리 쭈그리고 쳐다본 밤하늘엔

뿌려진 별사탕 푸른 불빛들 바람 불면 아득하여라

*항아리 묻고
노적가리 달아
앞만 가린 치간은
하늘이 뻥 뚫렸다.
나는 근심을 해결하며
까마득 하늘을 바라보는 것이 좋았다.
그 속엔 내 이름 새겨 넣은 별도 있다.

만행 도중

사발시계 하나 풀빵 두어 개 아무리 생각해도 밑지는 장사

* 첫 만행 길에 올랐다.
구걸할 줄 몰랐던 나는
배가 고팠다.
오래 간직한 속세의 유물 사발시계와
바꿔 먹은 국화빵 생각

새우젓 한보시기 짊어지고 절로 간 사내아이

지금은 늙은 중 되어 이산저산

*어머니는
작은 보따리 하나를 머리에 이시고
내 손을 잡았다.
나는 새끼로 엮은 걸망태를 둘러맸다.
그 속에 새우젓 한보시기
어머니와의
마지막 여행이었다.

나의 증명사진에는

긴 머리털을 한 번도 가져 본 적 없다

*그렇다.
나의 모든 사진에는 긴 머리가 없다.
한 번은 기르고 싶을 때도 있었다.

어머니 젖가슴은 반달 놋주걱

무쇠 솥 긁다가 저무는 그믐달

*어느 여름 날 민소매를 입으신 어머니
풍만한 젖가슴을 내어 주시던 자애로움은 어데 갔나!
그저 닳고 닳은 놋주걱 같은 모습뿐

어이 홍시는 가지 끝에 달려 배고픈 길 붙잡나

외진 당집 문전에 버려진 사잣밥 참으로 꿀맛이었네

*만행중 배가 고파
어느 당골집 문 앞에 버려진 사잣밥을 먹었네.
어느 성찬보다도 진한 꿀맛

제 목에 칼을 놓아 피 토하는 모란이여

찬란한 순간이 꼭 지금이어야 하느냐 오월의 심란한 소름 앞에서

*나는 오월에 광주에서 청년을 살았다.
흩어진 피와 꽃이 뒤범벅이었다.

손바닥 햇살

할매 곱은 손으로 언제 썰어 말리시나 며느리 장딴지 같은 무 한 소쿠리

*가족을 위해 힘든 일을 하면서도
힘들다 말 한마디 않던 어머니!
조용한 웃음 뒤에 지친 모습을 보지 못했다.

문장 하나 남김없이 왔다가는 봄날이여

비 온 후 잠시 피었다 사라지는 바위꽃

＊봄이 짧다.
짧은 만큼 향연도 잠깐
스치는 봄비에 내미는 얼굴, 반갑다.
다가서니 이내 사라지는 아쉬움

밤 깊은 봄날 풀내음을 몰고서

빗소리가 창문 사이로 걸어 들어왔다

*봄은 색깔로만 오지 않는다.
냄새로도 소리로도 봄은 온다.

버들가지

꼬옥 짜면 푸른 물이 뚝뚝 떨어질 것 같은 손가락

*물 오른 푸른 버들가지는 누이의 가냘픈 손가락을 닮았다.
그 손가락에 풀꽃 손가락지를 끼워 주었지.

새들도 날개를 접고

빗으로 빗긴 봄비 대청마루에 깃들다

*봄비가 빗으로 빗긴 머릿결처럼 내린다.
새들도 대청마루에 내려 앉아 깃털을 말린다.

진달래

길 잃은 어린 새 붉은 목젖

*봄은 새로운 탄생을 부른다.
갓 태어나 어미를 부르는 아기 새의 목젖
선홍빛 진달래를 닮았다.

이춘풍 以春風

  깊은 산속 드문 잔설 겨울 부스럼 푸른 이끼 젖은 돌담 머리 수북히

*봄이로되 아직 산 속은 잔설이 치렁치렁
겨우내 마른 부스럼을 털고
돌담에 이끼들이 파랗다

볕든 창에 턱을 괴고

흰 눈 속에 나풀대는 개 발자국 매화꽃

* 화창한 봄날 들창문 열어보니 춘설이 하얗다.
어지러이 개 발자국만 매화꽃처럼 피었다.

저기 좀 봐

그렁그렁 눈물 속으로 떨어지는 저별 저어별

*골이 깊으니 하늘이 더 높다.
초롱초롱한 별들이
조금만 흔들어도 금방 떨어질 것 같다.
눈물처럼

일행일수 해설

새로운 봄의 탄생

윤재웅(문학평론가, 동국대학교 교수)

1. 일행일수 앞에서

일행일수. 처음 이 말을 들었을 때 여러 의미가 떠올랐다. 수행하는 마음으로 쓰는 한 줄 시[一行一修]. 매일같이 수행하듯 쓰는 한 편의 시[日行日修]. 뭐라 하든 뜻이 좋았다. 게으르지 않고 꾸준하게 정진한다는 의미에서 수행이나 창작은 닮은 점이 많지 않은가. 태관 스님은 한 줄 시를 연마하고 있었다. 세속 나이로 환갑인데 문단에 등단을 해서는 새로운 형식을 선보이려는 것이다.

불교에 팔만대장경이 있다한들 한 권의 <금강경>만 못하고, 핵심만을 간추린 <반야심경>만 못하다면서 시

역시 길 필요가 없다고 했다. 옛날 선사와 조사들의 시는 한시 형식을 따랐기 때문에 엄격한 규칙에서 벗어나기 어려웠지만 오늘의 불교시가 꼭 그럴 필요는 없다는 생각이었다. 설악무산 조오현 스님처럼 전통 시조 형식을 계승해 3장 형식으로 쓸 수도 있지만 태관 스님은 한 줄 시에 마음을 더 두었다.

스님의 한 줄 시는 특별한 점이 많다. 진선미 모두를 추구한다. 사물의 진리와 인생의 본성을 살피고자 한다(진). 부드럽고 따뜻한 마음가짐도 있다(선). 헌데 그보다는 극도로 축약한 압골미가 최대의 특징이다(미).

좀 더 쉽게 말해 보자. 일행일수는 내용상으로 보면 경구나 금언이 아니다. 즉 교훈 전달을 위한 가르침의 문학이 아니다. 삶의 진실과 선함을 위한 사유와 실천의 문제가 가득 차 있다. 깔끔하고 단정한, 광고 카피 같은 말놀이가 아닌 것이다.

형식도 특이하다. 하이쿠처럼 글자 수가 정해져 있지도 않다. 한 문장으로 드러나기도 하고 여러 이미지들이 병렬적으로 늘어서 있기도 하다. 제목과 내용이 부부처럼 잘 어우러진다. 어떤 경우는 제목이 질문이고 본문 내용이 답인 경우도 있다. 심지어 길이가 비슷하기도 하다. 제목이 시상을 일으키고 본문이 이를 이어받아 마무리하는 경우도 많다. 옛 시인의 창작전통이 그렇듯 운韻을 주고받는 방식이다.

무엇보다 놀라운 점은 이러한 형식이 일상 속에서 누구나 쉽게 시도할 수 있다는 장르 자체의 평이성이요 대중성이다. 하고 싶은 말 한 마디쯤이야 누구나 할 수 있지 않은가. 스님은 자기가 먼저 시범을 보이면 누구든 쉽게 따라할 수 있다고 믿는다. 말을 진실하게 만들고 아름답게 다듬는 그것이 곧 일상의 수행이라는 것이다. 시 한 줄 쓰는 게 수행이다. 그러므로 수행은 말과 글을 통해서도 얼마든지 가능하다고 스님은 생각한다.

요즘 같은 스마트폰 시대는 긴 말이 의사소통에 외려 방해된다. 책이나 신문보다 손바닥만 한 액정 화면 들여다보는 게 일상이다. 말과 글이 짧으면 읽기도 좋고 전달하기도 좋다. 일행일수는 두 사람 사이에 주고받기의 형식으로도 가능하고 한 사람과 무한 다수 사이의 소통도 가능하다. 예를 들어 시인이 '해는 서산마루에 급히 넘어가는데'라고 시제를 올리면 독자가 '천추만고 늙은 소만 여물만 우물거려'라고 답하는 방식이다. 답의 종류는 무한

대로 많다. 학생들 교실에서 얼마든지 시도해 볼 수 있다.

일행일수가 널리 퍼지면 전국의 노인정에서 치매방지 시 짓기 놀이로 도입할 수 있고 국가나 지자체 차원에서 일행일수 경연대회도 열 수 있다. 옛날 중국 송나라의 사신 서긍徐兢이 고려 개경[개성]에 왔다가 가가호호 집집마다 남녀노소 빈부귀천 가리지 않고 시를 짓고 읊는 것을 본국에 보고한 내용이 <고려도경>에 전하는데, 이러한 문화전통이 오늘에 되살아날 수도 있지 않겠는가. 백범 김구 선생께서 말씀하신 '높은 문화의 힘'을 다시금 생각한다.

2. 언어의 사원 앞에서

또 생각해보면, 시詩는 언어[言]의 사원[寺]이다. 언어로 만든 신성한 건축물이란 뜻이다. 절 짓는 마음으로 언어를 세우는 게 중요하다. 크고 화려해도 안 되고 너무 많거나 시끄러워도 어울리지 않는다. 감정이 과잉되어도 안 되며 시장판처럼 잡되어도 안 된다. 간결하고 단출하며 일상에서 발견하는 삶의 지혜를 압축해야 한다. 곧 압골미가 뛰어나야 한다. 스님 생각을 간추리면 이렇다.

 압골미는 생각의 구조와 뼈대만 추리는 것이다. 핵심을 한마디로 요약하는 힘. 그것이 곧 수행이다. 잘된 압골은 아름답다. 긴축, 생략, 함축, 여운의 미가 압골미壓骨美다. 살과 피를 다 발라내고 앙상하게 남은 뼈를 보여주는 것만으로도 독자의 심장 속에 바싹 다가갈 수 있다. 어지간해서는 형용사나 부사가 들어올 틈이 없다.

 깨달음의 언어는 간결하다. 누구든 간결하게 말할 수 있고 말해야 한다. 이것은 재능이 아니다. 교육과 훈련을 통해 가능하다. 간절하게 하고 싶었던 말을 떠올려 보라. 한 줄로 말하기 어려우면 일단 하고 싶은 말을 다 쓴 다음 분량을 반으로 줄이기 시작하라. 그러면 마지막엔 한 줄만 남는다. 한 줄은 반드시 한 문장이 아니다. 여러 문장이 해체되어 역동적인 구조로 다시 만난다. 글자 수에 얽매이지 않는다. 한 줄 안에 힘을 넣어라. 내 정신의 요체를 밀어 넣어야 한다. 무엇보다, 일상이 간절해야 한다. 간절한 삶이 간결한 시를 만든다. 간결한 시는 곧 내 삶의 깨달음이다.

3. 스님의 일행일수 옆에서

파뿌리를 다듬고 있네

―「파뿌리가」 전문

스님의 일행일수는 영감이 풍부하다. <파뿌리가>는 제목에 문장의 주어만 툭 던져놓고 어떤 목적어와 서술어가 들어올 지를 기다리는 모양새다. 본문 내용을 보면 어머니의 고된 삶을 회상하는 시인의 심정이 간절하게 압축되어 있다. 너무나 무심하게 압축되어서 그것이 간절한지 모를 정도다. 아래쪽에 편집되어 있는 해설을 보면 어느 정도 짐작할 수 있다. "늙은 어미는 쉼이 없다. 한 줌 뙤약볕도 아깝다. 윤기는 없고 헝클어진 머릿결만 파뿌리처럼 하얗다." 파뿌리. 함부로 헝클어진 어머니의 백발이 곧 어머니의 정체성이다. 그러므로 어머니의 삶은 '윤기 없고 헝클어진' 파뿌리와 동일시된다. '파뿌리가 파뿌리를 다듬고 있다.'는 불완전한 문장이지만 일행일수의 양식에서는 가능한 시적 표현이다. 제목에서 피어나는 풍부한 영감은 수많은 독자의 동참을 기다린다.

소라 속에 고인 바람같이 살다 가자

-「물이 들어올 때까지만」 전문

이 작품 역시 삶의 미세한 기미를 관찰하는 힘이 놀랍다. 밀물과 썰물의 사이에서 잠깐을 살다가는 바람의 생을 노래함으로써 그 바람 같은 삶이 곧 우리의 삶이라는 깨달음을 유도하고 있다. '소라 속에 고인 바람같이'란 어떤 상태인가. 이 의미를 확정할 수 있는가. '작고 고요하고 눈에 잘 드러나지 않는 비밀스러운' 정도의 느낌일 것이다. 그렇게 조용히 살다가 가자는 이야기인데 제목이 주는 한정된 상황 때문에 더욱 매력적이다. '물이 들어올 때까지만'이라는 전제 조건이 그것이다. 물이 들어와서 소라를 다시 잠기게 하면 바람은 다른 생명이 되어, 그 무엇이 되어, 어디론가 간다는 암시가 있는 것이다. 자연의 조화에 스스로를 맞추면서 사는 삶의 경지를 노래하는 새로운 형태의 선시가 아니겠는가.

일상의 놀라운 비판정신이 돋보이는 경우도 있다. <라면을 먹다>를 보자.

당신은 왜 꼬부라졌소?

-「라면을 먹다」 전문

본문 내용은 '당신은 왜 꼬부라졌소?'라는 물음이다. 해설을 참조하면 이 내용은 시인이 라면을 향해 하는 말이 아니라, 라면이 시인과 독자를 향해 외치는 소리임을 알게 된다. 나야 생긴 게 원래 이렇게 꼬부라졌지만 당신은 왜 꼬부라진 식견을 가지고 있느냐고 라면이 사람을 향해 질책하는 형식이다. 정작 자기 허물은 보지 못하고 세상 탓만 하는 사람들의 행태를 풍자하는 일상 비판의 시라 할 수 있겠다.

비판 정신의 백미는 <흔들래야 흔들 꼬리 없는>에 이르면 압권을 보여준다. 본문은 충격적으로 짧다. '나는 개다'라는 진술은 명제의 형식을 가진다. 그만큼 강렬하다. 해설을 보면 "거대한 권력 앞에 나는 개였지만 흔들 꼬리가 없어서 개 취급을 받지 못했다. 그래서 그냥 개다."라고 되어 있다. 권력에 아부하는 흔들 꼬리가 없는 게 자존감을 높여준다는 것인지, 부끄럽고 비굴하다는 것인지 모호하다. 다만 '개 취급'과 '그냥 개' 사이의 현저한 거리감으로 인해 삶의 허상과 진면목이 날카롭게 대비되는 분위기를 만든 것은 하나의 성취다.

누구라도 쉽게 배울 수 있는 일행일수의 기본 기법은 제목과 본문의 관계를 은유로 엮는 방식이다. 은유는 세상의 모든 관계를 'A=B'로 만드는 마법의 언어다. 은유는 평등의 언어요 무차별의 언어며 그런 점에서 가장 불교적인 언어이기도 하다.

    길 잃은 어린 새 붉은 목젖

-「진달래」 전문

스님의 눈에, '갓 태어나 어미를 부르는 아기 새의 목젖'은 '선홍빛 진달래'를 닮았다. 간절한 생명의 소리는 피를 토하듯 열렬한 선홍빛을 닮았다는 뜻이다. 여기서 청각과 시각이 하나로 겹쳐지는 융합 감각의 세계가 펼쳐진다. 그런데 가만히 살펴보면 이러한 간절하고 열렬한 감각의 세계는 곧 진리를 탐구하는 구도자의 용맹정진과 다를 바 없다. 서로 다른 것들이 다르지 않다는 깨달음, 즉 불이不二의 세계에 대한 관념이 그것이다. 다시 말해 감각 세계의 무차별을 표현하는 것 같은 이 시는 관념 세계의 평등 역시 함께 노래한다고 볼 수 있는 것이다.

과학자는 새와 진달래를 구별하지만 시인은 새와 진달래를 같이 본다. 감각으로서의 사물은 다르지만 다르마[法·진리] 가운데의 사물은 차별이 없다는 메시지 아닌가.

그것이 우주의 진정한 봄이요 새로운 탄생이라고 시인은 노래한다. 이런 게 한 소식[깨달음]이라면 어찌 언어 수행으로서 구도의 길을 가지 못하겠는가. 구도자는 굳이 말을 버릴 필요가 없다. 말을 갈고 다듬어 압골을 해야 도에 이를 수 있고, 압골을 해야 다른 사람들을 '한 소식'의 세계로 함께 이끌 수 있다. 대승불교의 핵심 가르침을 '위로는 깨달음을 얻고, 아래로는 뭇 사람들을 이롭게 한다(상구보리 하화중생).'고 하는데, 일행일수는 그것의 쉬운 방법이 될 수 있다. 한 번 생각을 일으켜 한 줄을 쓴다. 매일 매일 수행하듯 한 줄을 쓴다. 너나없이 모두 함께 이루어나가는 게 태관 스님의 발원이다.